Au-delà des mots

Amal Ouyizeme

Au-delà des mots

Lettre ouverte

En application de l'art. L.137-2.-I. du code de la propriété intellectuelle, toute reproduction et/ou divulgation de parties de l'oeuvre dépassant le volume prévu par la loi est expressément interdite.

© 2025 Amal Ouyizeme

Édition : BoD · Books on Demand, 31 avenue Saint-Rémy, 57600 Forbach, bod@bod.fr
Impression : Libri Plureos GmbH, Friedensallee 273, 22763 Hamburg (Allemagne)

ISBN : 978-2-3225-6035-6
Dépôt légal : Janvier 2025

*Pour Loulou et Didou
Ma plus grande source d'inspiration*

PREFACE

À vous, mes enfants,

Ce livre est bien plus qu'un recueil de mots. Il est une boussole, puisée dans l'intimité de mes réflexions et trempée dans les leçons de ma propre vie. Chaque phrase, chaque mot, est une confidence que je vous fais, une ficelle invisible pour vous guider à travers les moments de votre vie.

Je sais que les mots que je prononce aujourd'hui, vous les entendez parfois à moitié, distraits par la vie qui vous amuse, vous impressionne et que vous explorez avec une curiosité naturelle propre aux enfants de votre âge.

Pourtant, un jour, vous reviendrez vers ces lignes, peut-être lors d'un moment de doute ou de solitude. Ce livre sera là pour vous rappeler ce que votre cœur sait déjà.

Je n'écris pas pour rendre la vie parfaite. Elle est complexe, imprévisible, parfois cruelle. Mais je veux vous la rendre plus simple, vous aider à l'aborder du bon côté. Car si les premières étapes sont souvent les plus ardues (souvent à l'adolescence), une fois que vous aurez apprivoisé ses rouages et ses paradoxes, elle deviendra plus douce, plus clémente.

Il n'y a pas de recette magique pour vivre, ni de chemin tracé d'avance. Mais il existe des valeurs, des principes, des petites vérités qui peuvent vous aider à rester debout, même lorsque je ne serais plus là.

Ce livre contient ces fragments d'éternité, ces éclats de lumière qui, je l'espère, pourrons vous aider tout au long de ce chemin qu'est la vie.

Vous y trouverez des conseils simples, parfois des rappels que j'ai martelés sans relâche. Mais vous lirez aussi des choses que je n'ai jamais osé vous dire de vive voix, des confidences trop précieuses pour être diluées dans la routine du quotidien.

Je ne prétends pas détenir toutes les vérités. Ce que je partage ici est imparfait, comme moi. Mais il est le fruit de mes erreurs, de mes victoires, de mes espoirs pour vous. Ce livre est un cadeau, un héritage immatériel. Revenez-y autant de fois que nécessaire. Que ces mots vous rappellent toujours l'essentiel : la vie est un voyage, et comme elle vous appartient, choisissez la route qui vous convient !

Mais sachez que, où que vous soyez, mes pensées vous accompagnent.

CHAPITRE 1

Il y a des histoires qu'on choisit de raconter et d'autres qu'on oublie. Pourtant, certaines d'entre elles, refoulées ou laissées de côté, finissent par revenir, comme une brise glacée sur la peau. Nour le savait. Elle n'avait jamais vraiment cru à ce que son père lui avait dit, à ce qu'il lui répétait sans cesse, cette phrase qui rythmait sa jeunesse : "Le passé est le passé, il faut savoir tourner la page."

Mais comment tourner la page lorsque le poids de l'histoire familiale vous écrase les épaules et que l'on vous dit sans cesse de ne pas regarder en arrière ?

Ce matin-là, Nour s'était rendue chez son père pour une simple visite, une de celles où l'on ne dit pas grand-chose, où l'on regarde l'autre sans vraiment le voir. Il avait l'air fatigué, plus vieilli que la dernière fois. Il n'avait pas prononcé un mot, simplement hoché la tête lorsqu'elle avait annoncé son retour. Sa mère, quant à elle, l'avait accueillie avec un sourire large, un sourire de façade. Elle savait que Nour n'était pas là pour prendre un thé, mais pour poser des questions. Et Nour, même si elle détestait cette idée, avait l'intention de le faire.

Le grand-père de Nour n'avait jamais parlé de son passé. Il était venu du Haut Atlas, un homme dur comme le bois des montagnes, sculpté dans l'épreuve, un silence absolu autour de lui, comme s'il avait décidé que certaines vérités n'étaient pas faites pour être partagées.

Le nom qu'il avait porté avant son exil ? Tous l'ignorait, elle n'avait jamais osé demander. Il avait changé de nom, effacé ce qui aurait pu déstabiliser sa nouvelle vie. Cela faisait des années que ses parents se taisaient sur cette partie de l'histoire. Mais cette boîte en bois, une vieille boîte oubliée dans le coin du grenier, était soudainement devenue son obsession.

Lorsque Nour l'avait découverte, ses mains tremblaient. Le bois, brut et poli par le temps, portait les marques de générations. Elle avait ouvert lentement le couvercle. À l'intérieur, il y avait des lettres, des photographies d'un autre temps, mais aussi un document qui attira son attention. Un nom, inscrit au dos d'une vieille photo en noir et blanc, un nom différent de celui que son grand-père avait porté toute sa vie, un nom qu'il avait effacé, effacé pour s'intégrer, pour survivre.

Nour s'était sentie mal, comme si la terre sous ses pieds s'était dérobée. Ce nom, qu'il avait choisi de changer pour devenir « Ali », résonnait comme une trahison. Pourquoi ce secret ? Pourquoi avait-on effacé une part si essentielle de leur histoire ?

Elle avait pris une décision, sans réfléchir. Elle irait à la recherche de ce passé enfoui. À partir de ce moment, elle savait que tout changerait.

Le vent était froid ce matin-là. Nour se tenait sur la route qui serpentait entre les montagnes, l'air frais du matin glaçait son visage. Le village était encore endormi, enveloppé dans une brume légère. Sa rencontre avec Aziza, l'amie de sa mère, s'était faite dans l'urgence, comme si elles s'étaient retrouvées après une longue séparation. Aziza était venue de la ville pour l'accompagner. Elle avait ce regard aigu et perçant, celui d'une femme qui savait déjà tout, ou du moins qui prétendait le savoir. Aziza lui avait donné des conseils, des paroles pleines de sagesse, mais aussi pleines de contradictions. "Nour," lui avait-elle dit en caressant la couverture en laine, "le passé nous appartient, mais il ne doit pas nous encombrer."

Nour se souvenait encore de ces mots. Un moment, elle avait eu l'impression que Aziza était à la fois sa guide et son ombre. C'était cette double vérité, celle de la liberté et de l'enracinement, que Aziza portait en elle. Elle l'accompagnait dans sa quête, mais elle la poussait également à remettre en question ses désirs, à accepter que certaines choses ne pouvaient être comprises sans souffrir.

Arrivées à la maison de son père, l'atmosphère était dense. Il y avait une tension palpable, comme si la maison entière portait un secret, un fardeau invisible. Le regard de son père, toujours aussi autoritaire, se fit plus lourd à mesure que Nour expliquait sa décision de découvrir la vérité. Il ne prononça pas un mot pendant de longues minutes, puis enfin, il soupira profondément et se leva.

« Tu veux vraiment savoir ? » demanda-t-il d'une voix basse. « Le nom que ton grand-père a choisi, ce n'était pas pour te satisfaire. C'était pour sa survie. Tu ne peux pas comprendre. »

Nour sentit le cœur battre plus fort, mais au lieu de reculer, elle se tint fermement. « Pourquoi me cacher cela, Papa ? Pourquoi ne m'as-tu jamais parlé de lui, de son passé ? »

Son père se tourna lentement, et un long silence s'étira entre eux. Il posa une main lourde sur le dossier de la chaise. "Il n'y a rien de plus à dire, Nour. Nous avons choisi d'oublier."

Mais dans ses yeux, Nour vit quelque chose d'autre. Peut-être de la culpabilité, peut-être de la honte. Quelque chose qui la poussa encore plus loin dans sa quête.

Elle passa les jours suivants à explorer les vieux quartiers de Marrakech, à consulter des archives et à interroger les anciens du village. Ce fut une exploration longue et douloureuse. À chaque question, elle sentait le poids du silence se renforcer. Pourtant, chaque découverte la rapprochait de la vérité, jusqu'à ce que, enfin, un vieil homme accepte de lui raconter l'histoire du grand-père Ali.

Ali n'avait pas changé de nom pour oublier ses racines berbères. Il l'avait fait pour protéger sa famille des persécutions, des représailles des autorités coloniales. Mais en effaçant son nom, il avait aussi effacé une partie de lui-même, une partie de sa dignité. Il avait perdu quelque chose d'essentiel, quelque chose que nourrissait la terre d'Atlas : l'authenticité. Il avait fait ce sacrifice pour eux, pour sa famille.

Ce sacrifice, Nour le comprit enfin. Il n'était ni trahi ni honteux. Il était fait dans l'espoir d'un avenir meilleur. Et pourtant, dans cette quête de la lumière, Nour se rendit compte qu'elle devrait parfois accepter l'ombre. Le nom qu'elle portait, ce nom de "lumière", n'était pas seulement une promesse, mais aussi une part de son héritage. Elle devait le porter, mais avec l'humilité d'avoir pris connaissance de ce qui l'avait façonnée.

Le lendemain, elle retourna chez ses parents. Elle se sentait plus légère, mais aussi plus consciente des chaînes invisibles qui la liaient à cette histoire. "Je comprends maintenant, Papa," lui dit-elle. "Ce n'était pas une trahison, c'était un choix." Son père, un sourire rare sur les lèvres, acquiesça.

Le voyage de Nour, celui de la réconciliation avec ses racines, ne faisait que commencer. Mais elle savait désormais que sa lumière serait plus forte, car elle n'en serait pas la seule à décider. Elle porterait son nom avec la dignité qu'il méritait.

***

Ce qui, au fond, compte le plus, ce sont les valeurs qui sont nos racines, qui nourriront et stabiliseront votre existence.

Vous vivrez dans un monde en pleine transformation, un monde où les repères se fragilisent, où les traditions et la modernité ne se croiseront peut-être plus. Dans cette époque de bouleversements, il devient de plus en plus important de distinguer ce qui est vraiment fondamental de ce qui est éphémère.

Vos prénoms, Sophiya et Driss, sont l'un de ces repères essentiels. Ils sont des symboles qui portent en eux un héritage, des fragments d'histoire, empreints de sens et de symbolique, choisis avec soin par vos grands-parents. Ils incarnent des valeurs, des idéaux, et un lien profond avec vos origines.

Sophiya, ton prénom évoque la sagesse, ce calme profond qui te caractérise depuis toujours, mêlé à une douceur presque onirique. Dès tes premiers jours, bercée dans l'amour d'une grande famille qui t'a accueillie comme le premier bébé des deux côtés, tu as su inonder nos vies de tendresse et de lumière.

Ton regard lumineux et ta délicatesse sont dignes d'une petite héroïne tout droit sortie d'un conte. Du haut de tes 11 ans, tu es toujours cette étoile qui éclaire nos vies, avec ton intelligence, ton humour subtil et cette capacité rare à apporter sérénité et bonheur là où tu es.

Depuis ton plus jeune âge, ta présence était semblable à une flamme douce, réchauffant naturellement ceux qui t'entouraient. Ton regard, empreint d'une curiosité intense, semblait déjà explorer les grandes questions de l'existence avec la profondeur d'un philosophe.

Alors toi qui as toujours cherché à comprendre et à questionner, continue à stimuler cette curiosité qui est ta plus grande alliée. Laisse l'univers t'enseigner ses secrets à travers chaque chose qui t'émerveille. La science, l'art, l'histoire, tout ce qui t'entoure est une source inépuisable de merveilles qui n'attend que d'être découverte par ton regard.

Driss, ton prénom porte en lui la force et l'héritage de ton grand-père. Il incarne le courage, la persévérance et la loyauté. J'ai toujours cru que les prénoms façonnent, en partie, ceux qui les portent. Et toi, Driss, tu es un exemple vivant de cette conviction.

Ton regard intense et ta détermination admirable traduisent une personnalité forte.

Mais derrière cette force se cache un enfant débordant de malice, capable de transformer les instants les plus simples en éclats de rire et de complicité.

Depuis tout petit déjà, tu amusais la galerie avec une curiosité débordante et un sourire espiègle qui ne te quitte jamais. Cette capacité à capturer l'attention par ton humour et ton imagination débordante ne cesse d'adoucir et d'éclairer les moments partagés avec toi, témoignant de ton incroyable don pour faire sourire et rassembler les cœurs autour de toi.

Vos prénoms sont des racines, mais aussi des promesses. Ils témoignent de vos origines, de ce Maroc riche en histoires et en cultures, où traditions et modernité se croisent parfois en harmonie, parfois en tension. Ils sont un rappel de qui vous êtes, de là d'où vous venez, et des valeurs qui vous soutiendront dans un monde en perpétuelle évolution.

Vous grandissez dans un Maroc riche de son histoire et de ses racines, mais aussi profondément marqué par les défis d'un monde moderne.

Et c'est là, que les valeurs sont plus que jamais nécessaires.

Le respect, tout d'abord, car il est la pierre angulaire de toute relation humaine. Ce respect ne se limite pas à la simple politesse, il s'agit d'une reconnaissance profonde de l'autre, dans sa dignité, ses croyances et son existence.

Dans un pays comme le nôtre, où la diversité des cultures, des religions et des opinions est à la fois une richesse et parfois une source de tensions, il est essentiel de respecter ceux qui vous entourent, sans jugement, sans discrimination. Le respect est la clé de la paix intérieure et de l'harmonie.

Il s'agit de comprendre que chaque individu a une histoire, un vécu, et que ces différences ne sont pas des obstacles, mais des ponts pour aller plus loin ensemble.

L'humilité, ensuite, une valeur qui dans un monde qui valorise les apparences et la réussite individuelle devient rare.

Si vous l'entretenez, elle vous permettra d'aller au-delà de l'orgueil, de la vanité et des faux semblants. Elle vous rappelle que la grandeur n'est pas dans ce que vous avez, mais dans ce que vous êtes.

C'est en étant humble que vous trouverez votre place dans ce monde, non pas comme des êtres qui cherchent à écraser les autres pour s'élever, mais comme des individus qui aspirent à se connaître, à se perfectionner sans jamais se croire au-dessus des autres.

La solidarité, bien entendu, une valeur profondément enracinée dans notre culture, un principe qui va au-delà de l'acte de donner. Ce n'est pas simplement offrir de l'argent ou des biens matériels, mais être là pour les autres, dans les moments de joie comme dans les moments de difficulté.

Notre société, même moderne, est encore bâtie sur la base de l'entraide, de la famille et des liens communautaires. La solidarité, c'est comprendre que votre bonheur est lié à celui des autres. Il ne s'agit pas seulement de prendre soin de votre propre bien-être, mais de faire en sorte que personne ne soit oublié, que personne ne souffre seul.

La justice, à mes yeux, est une valeur essentielle. Nous vivons dans un monde marqué par des injustices et des inégalités sociales. Je ne vous demande pas de mener de grandes batailles mais simplement d'agir avec équité, de ne pas priver l'autre de ses droits ni de le rabaisser.

La justice, c'est aussi savoir faire preuve de discernement, d'empathie et de courage dans nos choix quotidiens. Soyez les défenseurs des plus fragiles, des plus vulnérables. Ainsi, vous vivrez en paix avec vous-mêmes, avec la conscience tranquille.

La responsabilité, aussi, est une valeur primordiale. Vous êtes responsables de vos choix, de vos actes, mais aussi de l'impact que vous avez sur le monde. Ce n'est pas simplement une question d'assumer vos décisions, mais de comprendre que vous faites partie d'un tout.

Etre responsable c'est vous engager à réfléchir avant d'agir, à mesurer les conséquences de vos gestes et actes, à comprendre que chaque petite action peut avoir une répercussion sur vous-même, votre environnement et ceux qui vous entourent.

Soyez courageux. Le courage, ce n'est pas l'absence de peur, mais la capacité à avancer malgré elle, à faire face à l'adversité avec résilience. Il vous permettra de vous lever après chaque chute, de repartir même quand tout semble contre vous. Le courage, c'est aussi celui de défendre vos principes, de ne jamais transiger sur ce qui est juste.

Enfin, la gratitude. Parce qu'il est essentiel de se rappeler chaque jour ce que l'on a, ce que l'on est, et d'être reconnaissant pour chaque instant. La gratitude vous ouvrira les yeux sur les petites choses de la vie, sur les moments de bonheur simples, sur les sourires échangés, sur les gestes d'amour.

C'est cette reconnaissance envers la vie qui vous apportera la paix intérieure, l'acceptation et le contentement. La gratitude vous aidera à garder les pieds sur terre, à ne jamais perdre de vue ce qui est important.

Mes enfants, ces valeurs ne sont pas que des mots vides. Elles sont les piliers sur lesquels vous pourrez construire une vie pleine de sens, une vie authentique.

Elles sont ce qui vous stabilisera, ce qui vous permettra de rester fidèles à vous-mêmes et à ce qui compte vraiment.

Vos racines et vos valeurs sont les fondements de ce que vous êtes. Ce sont elles qui vous ancrent lorsque tout vacille, qui vous soutiennent face aux vents contraires. En prenant soin de ces piliers, vous cultivez la force de traverser les épreuves et de rester debout, même sous les tempêtes les plus violentes.

Pourtant, le monde tentera de vous détourner dans plusieurs situations. Il cherchera à vous remodeler à son image, à vous enfermer dans des cases rassurantes, à vous dicter comment être et agir.

Depuis toujours, les normes sociales, les jugements et les attentes imposées ont cherché à façonner les individus. Ces pressions peuvent être insidieuses.

Elles pourraient semer le doute en vous, vous faisant croire que vous n'êtes jamais assez, que vous devriez être quelqu'un d'autre. Mais ces voix extérieures ne connaissent pas la vérité qui vous habite.

Moi-même, j'ai souvent ressenti cette pression. Pendant longtemps, j'ai cherché à m'intégrer à un groupe, à plaire à des personnes qui avaient des attentes bien différentes des miennes.

Ces moments ont parfois nourri des doutes, des questions qui me traversaient sans réponse claire. Et pourtant, j'ai appris que ce qui fait ma force, c'est la simplicité d'être moi-même, même lorsque cela ne correspond pas aux attentes extérieures.

Je ne voudrais pas qu'un jour, vous suiviez un chemin qui n'est pas le vôtre, simplement pour satisfaire une attente ou appartenir à un groupe. Personne ne mérite de sacrifier son identité sur l'autel de la conformité.

Quelqu'un m'a dit un jour que plaire à tout le monde est une bataille perdue d'avance. Ce qui compte, ce n'est pas de chercher à plaire pour être accepté, mais d'avoir le courage d'être soi-même. Car lorsque vous êtes aligné avec ce que vous êtes, vous inspirez ceux qui vous entourent à faire de même.

Car personne ne connaît mieux la personne que vous êtes vraiment comme vous. Cette personne est précieuse. Elle est forte, même dans ses doutes, et digne, même dans ses chutes. Elle mérite votre attention, votre écoute.

L'un des plus grands actes d'amour envers vous-même est d'apprendre à vous connaître, réellement et profondément.

Savez-vous ce qui vous anime, ce qui vous apaise, ce qui vous irrite ? Savez-vous quels sont vos besoins, vos aspirations, vos limites ? Prenez le temps de découvrir ces réponses.

En comprenant vos propres besoins et désirs, vous construisez un rempart solide contre les influences extérieures. Ainsi, personne ni rien ne pourra ébranler ce que vous êtes, car vous saurez ce que vous valez.

Se connaître, c'est accepter tout ce qui vous compose : vos lumières comme vos ombres, vos forces comme vos imperfections. Cela demande du courage. Cela signifie pouvoir regarder son reflet sans détourner les yeux, même lorsque ce que l'on voit est imparfait ou douloureux.

Accepter ses défauts, non pas comme des ennemis à combattre, mais comme des facettes de votre humanité, est une clé essentielle pour avancer.

Le monde voudra vous étiqueter. Cela rassure, et simplifie tellement les choses. Mais vous n'êtes pas une case, ni un rôle figé.

Vous êtes un univers complexe, une symphonie de pensées, d'émotions et de rêves. Refusez d'être limité par ces stéréotypes réducteurs. Ne vous contentez pas d'occuper un coin de l'espace : imposez votre présence, occupez tout le champ, prenez le placard entier.

Vous avez le droit d'évoluer, de changer, de vous réinventer à chaque instant. Soyez qui vous êtes, même si cela dérange. Surtout si cela dérange.

La connaissance de soi est un voyage sans fin. Parfois, le chemin sera flou, semé de doutes et de questions. Vous penserez peut-être savoir ce que vous voulez, et pourtant, tout pourrait basculer. Et c'est normal. L'illusion du contrôle cède souvent face au chaos de la vérité. Mais dans cette incertitude réside une beauté : celle de pouvoir se réinventer, encore et encore, sans jamais perdre le lien avec son essence.

Dans les moments où tout semble perdu, où vous doutez de vos choix, de vos valeurs, de vos décisions, prenez un instant pour vous recentrer. Revenez à vous-même.

Écoutez la voix intérieure qui murmure vos vérités, même quand tout le reste hurle le contraire. Ce sont ces vérités, souvent simples mais profondes, qui vous guideront dans l'obscurité.

N'oubliez jamais que vous êtes un être unique, forgé par vos choix, vos luttes, vos audaces. Votre identité est un phare, inébranlable même lorsque les vagues semblent vouloir le submerger. Elle est là, stable et forte, pour vous rappeler ce qui compte vraiment.

Apprenez à vous connaître, à vous accepter, à vous aimer. Soyez fidèle à ce que vous êtes. Votre différence est une force, non une faiblesse. Vos rêves, vos convictions, vos imperfections sont autant de trésors qui font de vous un être précieux.

Vous n'avez rien à prouver pour mériter d'être aimé. Vous êtes suffisant tel que vous êtes. Et dans cette vérité, dans cette authenticité, réside votre véritable puissance.

CHAPITRE 2

Les premiers rayons du matin filtraient à travers les rideaux. Yassine s'éveillait lentement, son esprit encore empli des souvenirs de la veille. La journée s'annonçait douce, comme toutes les journées où il retrouvait Omar. Leur amitié était un mélange délicat de silences et de rires, de compréhension et de non-dits. Ils avaient toujours été inséparables, et pourtant, Yassine sentait qu'il y avait quelque chose d'irrémédiablement complexe dans cette relation. Il ne pouvait pas mettre de mots sur ce qu'il ressentait, mais chaque moment passé avec Omar le bouleversait d'une manière qu'il n'arrivait pas à comprendre.

Ce matin-là, Yassine pensait aussi à Leila, une amie qu'il avait récemment rencontrée au lycée. Il l'aimait bien, mais ses sentiments se bousculaient encore dans sa poitrine. Il avait l'impression que l'amour n'était pas aussi simple qu'il le croyait. La douceur de la relation avec Omar lui apportait une forme de confort, mais la complicité qu'il partageait avec Leila, bien que naissante, semblait offrir un tout autre monde, plus fragile et plein de promesses.

Omar était plus qu'un ami, il était un frère. Ils avaient partagé tant de moments, tant de secrets, et pourtant Yassine sentait, dans son regard, que quelque chose changeait entre eux. Les silences entre eux devenaient plus lourds.

"Tu sais, Omar," dit Yassine un soir, alors qu'ils s'étaient installés sur le toit, comme ils le faisaient souvent, "c'est fou comme on peut se comprendre sans se parler. Tu ne trouves pas ?"

Omar le regarda, hésitant. "Oui, mais ça commence à être compliqué parfois. »

Yassine tourna lentement la tête vers lui. "Pourquoi tu dis ça mon pote ? On s'est toujours compris, on se comprendra toujours."

"Je ne sais pas," répondit Omar, haussant les épaules. "C'est juste que, parfois, on change sans s'en rendre compte. Peut-être qu'on grandit dans des directions différentes, tu ne crois pas ?"

Les choses étaient encore plus compliquées avec Leila. Chaque moment passé avec elle lui donnait l'impression de vivre dans un rêve, mais un rêve incertain. Un rêve où il ne savait pas s'il devait s'avancer ou reculer. Elle lui parlait de ses ambitions, de sa vie de famille, de ses rêves. Yassine admirait son indépendance et sa douceur. Mais il y avait toujours cette crainte, cette peur de se tromper, une chose est sûre, il n'était pas prêt.

Un jour, alors qu'il rentrait chez lui après avoir vu Leila, Yassine croisa sa mère dans la cuisine. Elle préparait le repas, ses gestes précis, remplis d'une grâce naturelle. Yassine observa sa mère, une femme forte qu'il respectait profondément. Elle avait toujours été un modèle de dignité et de calme. Son père, un homme respecté, la regardait avec admiration, bien qu'il ne lui dise jamais clairement combien il la respectait. Il n'avait pas besoin de mots. Les actions parlaient d'elles-mêmes.

Yassine s'approcha de sa mère, et après un moment de silence, il lui confia ses tourments, ses hésitations. Il parla de Omar, de Leila, de l'amitié et de l'amour, de tout ce qui semblait se mêler dans son esprit.

"Tu sais, Yassine," dit sa mère en posant une main douce sur la sienne, "l'amitié, c'est un lien précieux. Mais l'amour, c'est une autre chose. Ce n'est pas une question de force, c'est une question de respect. Si tu respectes quelqu'un, tu lui donnes le droit d'être lui-même, sans jamais chercher à le changer. Si tu te respectes toi-même, alors tu sauras toujours où placer tes frontières."

Les mois passèrent, et Yassine se sentit de plus en plus tiraillé entre ses émotions et ses relations. Leila devenait plus présente dans ses pensées, mais la complicité avec Omar restait intacte. Puis, un jour, quelque chose se passa. Omar, comme toujours, était là, mais il semblait différent. Il avait une expression qu'il n'avait jamais vue, une sorte de tristesse, comme un secret qu'il ne voulait pas partager.

"Peut-être qu'on ne peut plus être amis. Ou peut-être qu'on a besoin de temps. Je ne sais pas. » dit Omar.

Yassine resta figé, le cœur lourd. Il comprit alors qu'il devait laisser Omar partir, qu'il ne pourrait jamais être le même avec lui, ni avec Leila, si ses propres sentiments restaient incertains.

Un jour, après plusieurs semaines de réflexion et de distance, Yassine prit son courage à deux mains. Il rencontra Leila dans le parc, et, pour la première fois, il lui parla avec une clarté qu'il n'avait jamais eue.

"Leila, je t'apprécie beaucoup, mais il faut que tu saches quelque chose. Je ne peux pas t'offrir l'amour que tu attends. Pas encore. Je crois qu'avant d'aimer quelqu'un d'autre, il faut d'abord s'accepter soi-même."

Elle le regarda, touchée mais calme. "Tu as raison."

Yassine comprit enfin que l'amitié et l'amour étaient des liens fragiles mais puissants, faits de respect, d'écoute et de compréhension. Le respect de l'autre, qu'il soit amoureux ou amical, exigeait une attention sincère à ses besoins et à ses désirs. Les relations humaines ne sont jamais simples, mais c'est dans leur complexité qu'elles prennent tout leur sens.

Avec sa mère, il apprit chaque jour que la force résidait dans la douceur et dans le respect des choix et des rêves des autres. Il savait désormais qu'il ne fallait pas se précipiter dans l'amour, mais qu'il fallait l'accepter quand il se présentait, avec toute la patience qu'il méritait. La véritable force, comme sa mère le lui avait appris, résidait dans le respect de soi-même et des autres.

***

Il existe des liens qui nous tirent vers le haut, comme ceux qui nous empêchent d'avancer. Amitié, amour, famille : chaque fil qui nous relie au monde est tissé d'une matière différente.

Par essence, l'amitié est un miroir unique qui nous montre autant qui nous sommes que ce que nous pouvons devenir ensemble. Une amitié sincère, véritable et équilibrée est un espace de transformation. Elle met en valeur nos forces, adoucit nos failles, nous pousse parfois à être une meilleure version de nous-mêmes.

Mais cet équilibre est fragile, car l'amitié ne tolère ni excès ni carence. Trop d'échange étouffe ; trop de distance refroidit. Une amitié authentique ne cherche pas à nous changer ou à combler nos vides intérieurs, mais à révéler ce que nous portons déjà en nous.

Et pourtant, lorsque nous avons très soif d'être aimés, lorsque nos propres insécurités deviennent un poids, l'amitié peut se transformer en un terrain miné. Nous nous engageons alors dans les attentes irréalistes, des jalousies, des déceptions.

Ces ombres naissent souvent de l'illusion que l'autre pourrait combler nos manques ou apaiser nos peurs.

Mais l'autre n'est pas là pour nous compléter. Il est là pour marcher à nos côtés. L'amitié véritable repose sur cette confiance réciproque, sur la certitude qu'aucune partie de nous n'a besoin d'être masquée ou reniée pour être acceptée. Elle n'est pas un refuge où l'on fuit ses doutes, mais une traversée partagée où l'on apprend à se tenir debout, ensemble, sans dépendance ni emprise.

J'ai moi-même croisé beaucoup de visages eu bien des amitiés. Mais après tout, peu ont laissé une trace durable, peu ont su traverser le temps et les silences.

Parmi eux, il y avait Poutchou. Poutchou, c'était plus qu'une amie : elle était cet éclat rare, une de ces personnes qui entre dans votre vie et s'y installe comme une évidence.

Avec elle, je n'avais pas besoin de faire semblant. Elle m'acceptait toute entière, avec mes failles, mes contradictions, mes coups de tête. Elle avait ce don de voir au-delà de mes maladresses, de mes erreurs, et de me rappeler que, malgré tout, je méritais d'être dans sa vie.

Elle était là pour me rattraper quand je doutais, elle trouvait les mots pour me pousser à avancer. Mais ce n'était pas seulement cela : avec Poutchou, on riait. Un rire franc, libérateur, de ceux qui effacent les semblants et transforment les jours ordinaires en souvenirs inoubliables. Elle n'essayait pas de me changer ; il m'aidait simplement à mieux vivre avec moi-même.

Poutchou est aujourd'hui à des kilomètres de moi, nos chemins ont été séparés portés par les obligations et le destin. Mais malgré la distance, je suis certaine que si nos routes se croisent à nouveau, rien ne changera.

Mais si l'amitié est un miroir, l'amour est une immersion profonde en soi et l'autre. Pour aimer vraiment quelqu'un, il faut d'abord apprendre à s'aimer soi-même. Comment espérer aimer quelqu'un d'autre – un homme, une femme, celui ou celle qui partagera un bout de votre vie – si vous n'avez pas appris à vous aimer vous-même ? Que ce soit à 20 ans ou à 50, pour une nuit ou pour la vie, n'oubliez jamais cela : pour être aimé, il faut d'abord s'aimer soi-même.

Ensuite, l'amour, c'est se laisser envahir. C'est sentir ce sentiment unique, ces papillons dans le ventre, ce frisson d'être important pour quelqu'un. Mais attention, comme pour l'amitié, il y a des règles. Pas de recette magique, pas de manuel pour bien aimer. Juste une chose : l'amour ne doit jamais vous faire perdre qui vous êtes.

Avec le temps, vous comprendrez. L'amour, c'est autant ce que l'on ressent que ce que l'on construit : Il faut bien choisir avec qui le faire.

Et au-delà de l'amour et de l'amitié, il y a ce lien dont je vous parle souvent : la famille. Un repère, une stabilité quelle que soit la composition familiale, où frère et sœur se trouvent ou non, c'est la force de votre connexion qui importe. Ce lien doit rester solide, quoi qu'il arrive. Être là les uns pour les autres, dans les moments de joie comme dans les instants de peine, c'est ça la famille. C'est un lien indéfectible que personne ne peut briser.

On ne choisit pas sa famille. Ce n'est pas un groupe d'amis qu'on se construit selon nos affinités. Non, la famille nous est imposée dès la naissance, avec ses qualités, ses travers, ses désaccords.

Vous allez vous disputer, forcément, pour des idées opposées, pour des choix de vie différents, ou parfois pour des choses si futiles qu'on finit par en oublier la raison. Mais malgré tout, il faut toujours revenir.

Ma sœur et moi sommes si différentes. Elle voit le monde d'une façon qui n'est pas la mienne, et moi je prends des chemins qu'elle n'emprunterait jamais. Combien de fois avons-nous élevé la voix l'une contre l'autre ? Combien de fois avons-nous été convaincus d'avoir raison, persuadées que l'autre faisait fausse route ? Ces disputes ont parfois laissé des silences, des blessures. Mais malgré tout, je sais une chose avec certitude : jamais je ne la laisserai tomber. Et elle ne m'a jamais laissé tomber. Parce qu'un frère ou une sœur c'est une partie de soi. Et ce lien ne disparaît pas. Peu importe la distance, les années ou les désaccords, il reste là, intact.

Alors, mes chers enfants, ma volonté aujourd'hui, au-delà que vous soyez heureux, c'est que vous soyez là l'un pour l'autre à tout jamais.

Cette solidarité que je souhaite entre vous est le reflet d'un principe plus large : apprendre à voir et à apprécier la richesse des liens qui nous unissent à ceux qui nous entourent, dans leur diversité et leur singularité car le monde ne se limite pas à une seule teinte. Il est une aquarelle de nuances infinies, où chaque couleur raconte une histoire unique. Nous sommes tous différents, porteurs de récits, de valeurs et de parcours. Il est tout à fait humain de juger, de catégoriser l'autre.

Souviens-toi de nos balades dans l'effervescence de la Médina. Ce lieu vibrant, où les couleurs s'entrelacent dans un mélange fascinant. Les personnes circulent, portées par des échanges par ci par là. Des femmes voilées, d'autres aux cheveux librement flottants dans le vent, des regards qui croisent des sourires timides, des vestes trouées à côté de costumes parfaitement ajustés, des sacs de grandes marques aux coutures approximatives. Une palette riche et contrastée, qui reflète l'essence même de la diversité.

Dans cette atmosphère, chaque visage raconte une histoire différente. Des personnes à la peau blanche, d'autres aux nuances terre ou sombres, des regards doux et chaleureux d'autres plus intenses, plus sévères, portés par des hommes et des femmes ayant traversé des épreuves que nous ne pouvons qu'imaginer. Cette Médina est véritablement un grand champ d'exercice où l'on apprend à voir bien au-delà des apparences.

Ma mère disait souvent : « Chaque personne porte une histoire, un chemin, une foi », disait-elle. « Ce n'est pas ton rôle de tout comprendre, mais celui de respecter ce qu'elle incarne. » Elle m'apprenait à reconnaître la richesse qui se cache derrière chaque facette, chaque sourire, chaque choix, même lorsqu'ils diffèrent des nôtres.

Dans notre monde, il est souvent facile de se fier aux apparences mais l'habit ne fait pas le moine. Ce qui compte véritablement, c'est ce qu'une personne apporte au monde : son respect, sa bienveillance, son ouverture d'esprit. Ces qualités transcendent les différences de cultures, de croyances et de parcours.

Cette aquarelle de différences existe dans tous les recoins de notre pays, et c'est là notre plus grand bonheur.

Les comportements discriminatoires sont cependant une réalité que nous ne pouvons nier, et cela existera toujours chez certaines personnes, quels que soient nos efforts. Tant que la tolérance, l'ouverture d'esprit et la bienveillance règnent, nous pouvons vivre sans souci.

Il est important d'apprendre à embrasser cette richesse, à reconnaître que chacun mérite respect et dignité, peu importe ses origines, sa couleur ou ses croyances. Le respect de l'autre, c'est l'acceptation de sa singularité sans chercher à le modifier ou à le juger. C'est lui accorder une place dans notre cœur et dans notre esprit, sans attentes irréalistes.

Alors, soyez celle ou celui qui accorde de la place à chaque nuance en les respectant pour ce qu'elles apportent à l'ensemble. Ce respect deviendra votre force qui donnera au monde un beau tableau d'aquarelle.

Cette leçon de respect est particulièrement cruciale quand il s'agit de la Femme vous connaissez mon point de vue à ce sujet. Il n'existe pas d'humanité sans respect pour la femme.

Ce respect, ce n'est pas une faveur que l'on accorde, un geste que l'on fait par politesse. C'est un droit absolu, une évidence. La femme, dans toute sa diversité et sa complexité, est l'égale de l'homme. Il n'y a pas de hiérarchie. Jamais.

Mon fils Driss, tu as sept ans, et peut-être que ces mots te paraissent encore flous. Mais un jour, tu seras un homme, et je veux que ce principe soit gravé en toi : la femme n'est ni une ombre, ni un objet, ni un devoir. Pendant des décennies, elle a été perçue comme vulnérable et docile, alors qu'elle ne l'est pas. Elle est le point d'ancrage, la colonne principale, une complice et une flamme vivante

Et toi ma fille Sophiya, dont la maturité m'impressionne, deviens forte et audacieuse. Forte dans la douceur ou dans la colère, forte dans tes choix, dans tes refus. Tu n'as pas à t'excuser d'exister, d'aimer, de rêver ou d'être ambitieuse. Ne te laisse jamais réduire. Ta voix a de la valeur. Ton corps, ton esprit, tout ce que tu es, mérite d'être respecté. Exige-le. Et, si un jour tu es fatiguée de réclamer ce respect, souviens-toi que tu n'es pas seule. Tu peux compter sur moi, ainsi que sur ton père et ton frère.

Dans notre famille, le respect de la femme n'est pas un concept abstrait. Il est inscrit dans notre histoire. Votre arrière-grand-père, *Dda Moh* était un homme remarquable. Jamais il n'a élevé la voix sur sa femme. Lorsque *Tabetti* tombait malade, il s'occupait de la cuisine, préparait les repas, veillait à ce que tout soit prêt. Il ne le faisait pas pour recevoir des louanges. Il le faisait parce qu'il savait qu'aimer, c'est aussi servir, sans calcul ni ego.

Votre grand-père *lahcen*, mon père, a suivi ce chemin il a inlassablement soutenu votre grand-mère *mamie*, malgré les difficultés rencontrées. Il nous a élevés, votre tante et moi, avec cette certitude : nous valons autant qu'un homme, ni plus, ni moins. Quand on lui demandait pourquoi il participait aux tâches ménagères, il répondait avec un sourire : « Pourquoi pas ? Est-ce qu'on demande à une femme pourquoi elle prépare le dîner ? » C'était sa manière simple et puissante de remettre les choses à leur place.

La femme n'est pas un idéal figé ou une statue que l'on admire de loin. Elle est vivante, mouvante, complexe. Elle est capable de douceur, mais aussi de colère, de compromis, mais aussi de rébellion. La femme n'a pas besoin qu'on la protège ou qu'on la mette sur un piédestal. Ce qu'elle mérite, c'est qu'on la reconnaisse pour ce qu'elle est : une égale. Pas une reine, pas une servante, une égale.

Didou, un jour, tu auras peut-être une partenaire dans ta vie. Si tu veux vraiment l'aimer, apprends à l'écouter, à la comprendre. Respecte ses choix, même lorsqu'ils ne te plaisent pas. Apprécie-la pour ce qu'elle est, pas pour ce que tu voudrais qu'elle soit.

Soso, toi aussi, un jour, tu rencontreras des personnes qui te diront que ta place est ici ou là. N'écoute que ton cœur. Ta place est là où tu décides qu'elle est. Si on tente de te limiter, relève la tête et marche, parce que personne ne doit définir ta vie à ta place.

Ce que je transmets aujourd'hui, je l'ai absorbé des générations passées et de mes propres expériences, et je veux que vous l'appreniez à votre tour. Ainsi, mes chers enfants, portez ces valeurs en toute intégrité, fabriquez une toile où chaque fil, chaque rencontre, chaque pas, contribue à tisser un magnifique tableau de compassion, d'écoute et de respect auprès de tous ceux que vous croisez sur le chemin de votre vie.

CHAPITRE 3

Nadia s'assit à la table de la cuisine, la tête plongée dans ses devoirs, mais ses pensées vagabondaient. Un message arriva sur son vieux téléphone Oppo. C'était Lilia, sa meilleure amie, qui lui demandait si elle pouvait l'aider à préparer un exposé pour le lendemain.

"Je n'ai pas beaucoup avancé pour le devoir de philo, tu peux m'aider ce soir ?"

Nadia se mordit la lèvre. Elle avait déjà tant de devoirs à faire pour le lendemain, sans parler de la soirée qu'elle devait passer avec sa famille, comme à chaque fois. Mais elle ne pouvait pas dire "non" à Lilia. C'était impensable. Elle savait qu'elle finirait par accepter, malgré sa fatigue.

"Bien sûr, je vais t'aider," répondit-elle. Puis, avec un soupir résigné, elle se remit au travail. Mais chaque tâche la semblait de plus en plus lourde. Nadia n'était pas à la hauteur. Elle sentait que l'équilibre qu'elle essayait de maintenir se fragilisait, mais elle n'arrivait pas à faire autrement.

Les jours suivants se succédèrent dans une répétition épuisante. Nadia accepta encore et encore des demandes qui l'accablaient. Sa famille, bien qu'aimante, ne lui laissait guère de répit. Sa mère lui demandait de l'aider avec les courses et la cuisine, son père lui demandait de l'assister dans des tâches ménagères ou de réviser plus encore pour ses examens. À l'école, ses amis lui demandaient de l'aide pour les devoirs et d'être présente à chaque sortie.

Mais ce qui pesait le plus sur ses épaules, c'était la pression de dire "non". Elle s'en voulait à chaque fois, pensant qu'en le faisant, elle risquait de perdre l'amour de ceux qu'elle chérissait. Elle redoutait de ne pas être à la hauteur, de décevoir son entourage. Pourtant, au fond d'elle, Nadia savait que si elle continuait à répondre positivement à tout, elle se perdrait dans ce tourbillon d'attentes.

Un soir, alors qu'elle se trouvait au centre commercial avec ses amis, Lilia, en lui demandant de l'aider encore une fois pour un exposé, fit naître chez Nadia un sentiment de frustration. Elle se rendit compte qu'elle était au bord de l'épuisement.

"Lilia, je n'ai plus de temps, il faut que j'étudie pour le contrôle de demain, et j'ai aussi des tâches à faire à la maison," tenta-t-elle de dire, mais sa voix tremblait.

Lilia, qui ne remarqua pas immédiatement la tension, répondit simplement : "Tu es fatiguée ? Ce n'est pas grave, Je peux me débrouiller sans toi." Mais ce fut une phrase qui laissa un goût amer dans la bouche de Nadia. Elle se sentait comme si ses amis ne la comprenaient pas, mais au fond, elle ne leur en voulait pas. C'était elle qui n'avait jamais su poser de limites.

Une nuit, elle se remémora la conversation avec sa mère quelques jours plus tôt. Rajae, voyant son épuisement, lui avait dit : "Nadia, ma fille, tu es forte, mais il faut que tu apprennes à prendre soin de toi. Ne laisse pas les autres te prendre tout ce que tu as. Dis non quand tu en as besoin, et ne te sens pas coupable. Le respect de soi est essentiel."

Les mots de sa mère résonnaient dans son esprit. Nadia savait qu'elle ne pouvait pas continuer ainsi. Elle avait besoin de faire un choix, de se libérer de cette peur incessante de décevoir. Mais comment s'y prendre ?

Elle se rendit compte qu'il était temps d'affronter la vérité : dire "non" n'était pas un acte de rejet, mais un acte d'amour propre, un acte nécessaire pour préserver son bien-être. Elle n'avait plus le choix. Ses amis et sa famille devaient comprendre qu'elle aussi avait des besoins, des limites.

Le lendemain, elle rencontra Lilia, cette fois prête à poser ses limites.

"Lilia, je sais que tu as besoin de mon aide, mais je ne peux pas aujourd'hui. J'ai beaucoup de choses à faire, et je dois me concentrer sur mes études," dit Nadia, la voix ferme mais douce.

Lilia la regarda un instant, surprise, puis répondit : "Je comprends, Nadia. Tu n'as pas à tout faire pour nous. Tu sais, tu peux aussi penser à toi, tu n'est pas obligée."

Avec ce premier "non" de toute sa vie, Nadia sentit un poids se lever. Elle avait franchi un cap. Petit à petit, elle commença à poser des limites de manière plus claire, elle gagna ainsi en confiance. Ses amis comprirent qu'elle ne pouvait pas toujours être présente, et son père, bien qu'encore parfois exigeant, commença à percevoir les efforts qu'elle faisait pour s'organiser de manière plus saine. Elle savait dorénavent que c'est un chemin vers son propre équilibre, un chemin où elle pouvait enfin exister pleinement, sans culpabilité.

***

Dans le vaste champ des relations humaines, avec leur beauté et leurs contradictions, vous serez souvent confrontés à des choix, parfois évidents, parfois déconcertants.

Tout commence par ce qui semble le plus simple, mais qui ne l'est jamais vraiment : dire « oui » ou « non ». Dire « oui » n'a de sens que lorsqu'il est sincère, réfléchi, et pleinement assumé. Un oui, lorsqu'il est voulu, devient un engagement porteur de poids, une parole donnée qui reflète à la fois nos désirs et nos limites. Ce « oui » est l'autre face indispensable du « non » : si le non dessine les contours de ce que nous acceptons ou refusons, le oui, lui, ouvre des portes et construit des ponts.

Mais ces portes ne doivent s'ouvrir que lorsque nous le souhaitons vraiment, et non par peur de déplaire ou par automatisme.

Dire oui, c'est comme prêter un jouet à un ami. Si tu le fais parce que tu en as vraiment envie, ça te rend heureux et ça peut rendre ton ami heureux aussi. Mais si tu prêtes ton jouet parce que tu as peur qu'il se fâche ou parce que tout le monde te le demande, tu risques de ne pas te sentir bien après. Un oui sincère, c'est comme partager ton jouet préféré quand tu sais que ça te fait plaisir et que tu veux vraiment le faire. C'est un choix, pas une obligation.

Pourtant, la vie n'est jamais aussi simple qu'un oui ou un non définitif. Entre ces deux pôles, il existe une palette de nuances qui enrichit nos interactions. Il y a ces oui mais, empreints de réserve, de condition, d'un soupçon de doute. Et il y a les non mais, qui refusent tout en laissant entrevoir une ouverture, une possibilité de compromis.

Ces nuances, loin d'être des faiblesses, sont des signes d'honnêteté. Elles témoignent de la complexité des relations humaines, où chaque réponse s'adapte à une situation ou à une personne.

Pour ma part, dire non a longtemps été un défi. Pendant une grande partie de ma jeunesse, je me suis efforcé de dire oui, parfois à contre-cœur, simplement pour éviter de décevoir ou de perdre les autres. Que ce soit face à des amis, à la famille, à mes parents, ou même dans des situations anodines – avec le marchand, au marché, ou avec une simple connaissance – je préférais acquiescer plutôt que risquer un conflit ou une incompréhension.

Même aujourd'hui, il m'arrive encore de lutter avec ce non. J'ai appris quelques stratagèmes pour contourner cette difficulté, pour exprimer subtilement mon refus sans le dire frontalement. Parfois, cela fonctionne, mais cela demande à l'autre une certaine vivacité d'esprit pour saisir mon intention. Et d'autres fois, cela échoue : certains, consciemment ou non, ignorent mes non implicites, me poussant à des débordements internes où frustration et incompréhension s'entrelacent.

Dans nos cultures, ce dilemme prend une dimension presque poétique avec le fameux oui incha'Allah. Ce oui suspendu, empreint de douceur et d'ambiguïté, incarne une promesse laissée au gré du destin – ou, plus souvent encore, un non subtil déguisé par la politesse.

Qui n'a pas grandi en entendant ce oui *incha'Allah* de la part d'un parent, chargé d'une vérité implicite qu'il fallait apprendre à décoder ? Ce "oui", à mi-chemin entre espoir et refus, nous a tous appris à naviguer entre les non-dits et les attentes.

Ainsi, le "oui" comme le "non" sont bien plus que de simples réponses. Ils sont des reflets de notre rapport au monde, des marqueurs de nos valeurs et de nos priorités. Ils nous invitent à être conscients de ce que nous ressentons, à écouter nos véritables désirs, et à agir avec clarté et fidélité envers nous-mêmes. Apprendre l'affirmation ou la négation, avec ou sans nuances, c'est finalement apprendre à s'affirmer tout en respectant les autres.

Car dans chaque "oui" sincère ou dans chaque non affirmé, il y a un acte de respect : pour soi-même, d'abord, en restant fidèle à ses convictions ; pour l'autre, ensuite, en étant transparent sur ses intentions. C'est cet équilibre, entre fermeté et ouverture, qui nous permet de tracer notre chemin sans perdre de vue qui nous sommes.

Dire oui ou non, avec sincérité et discernement, est une force en soi. Mais il est inévitable que ces réponses mènent parfois à des désaccords. Et c'est là qu'intervient l'art de la diplomatie, une compétence essentielle dans toutes les relations humaines.

Vous avez déjà traversé des moments de désaccords, que ce soit dans la cour de récréation, avec vos amis, ou à la maison. Je vous ai observés à l'œuvre.

Certes, il reste du chemin à parcourir, notamment dans vos chamailleries fraternelles – un terrain où la diplomatie a encore du mal à s'imposer ! Mais avec vos amis, vous savez déjà comment naviguer dans ces eaux parfois troubles. Vous comprenez quand insister et quand céder, quand négocier ou quand abandonner une bataille. Ce n'est pas simple, mais vous commencez à maîtriser cet art subtil.

Être diplomate, c'est choisir la voie de la construction plutôt que de la confrontation. Cela signifie désamorcer les tensions au lieu de les attiser, et chercher des solutions où chacun peut sortir avec dignité, même lorsque les divergences paraissent irréconciliables. Ce n'est pas une faiblesse de caractère, mais une grande force, car cela demande réflexion, maîtrise de soi, et surtout un profond respect pour l'autre.

La vie vous confrontera toujours à des personnes qui préfèrent crier plutôt que parler, imposer plutôt que négocier. Mais vous, vous avez déjà compris qu'il existe une autre voie. Vous avez démontré à maintes reprises votre capacité à éviter les conflits inutiles. Parfois, au lieu de répondre à une remarque désagréable par une explosion de colère, vous choisissez le silence. D'autres fois, vous détournez habilement une situation gênante par une réponse subtile et réfléchie, montrant ainsi votre sagesse naissante.

Comprenez bien ceci : être diplomate ne signifie pas fuir ou s'effacer. C'est un acte de courage, un choix conscient de ne pas se laisser emporter par les émotions ou les provocations. La vraie élégance réside dans cette capacité à rester calme, même lorsque tout semble vous pousser à l'escalade.

Je veux que vous sachiez que cette diplomatie, cette capacité à gérer les désaccords avec intelligence et respect, est une qualité précieuse. Elle vous permettra de construire des relations solides, d'apaiser les tensions et d'inspirer le respect. Et en voyant vos premières démarches dans ce domaine, je ne peux qu'être fière de ce que vous êtes déjà en train de devenir.

CHAPITRE 4

La veille de son examen final, Sara se sent vide. Elle est prête, bien sûr. Les heures d'étude l'ont épuisée, ses yeux brûlent de fatigue. Elle a tout donné, mais la sensation de n'avoir pas assez fait, de ne pas avoir révisé comme il le fallait, la ronge. La voix de son père résonne dans le salon, parlant de ses espoirs pour elle.

"Sara ? elle ne peux pas échouer."

Cette phrase, simple mais lourde de sens, pèse sur elle. Elle veut réussir, évidemment. Pour lui. Pour lui prouver qu'elle est à la hauteur de ses attentes. Ne pas y arriver, ne pas honorer les sacrifices de son père, ce serait comme une trahison. Mais ce qui la consume, ce n'est pas simplement la pression de réussir. Non, c'est cette ombre qui plane toujours au-dessus d'elle : celle de Yassine, son frère aîné.

Yassine, brillant, calme, il a toujours été celui qui a su tout faire. Celui que tout le monde admirait. Le modèle. Sara n'a jamais eu peur de l'idée de compétition, mais face à lui, elle se sentait toujours en retard, toujours derrière. Yassine, avec ses succès, sa manière de se faire respecter sans même lever le petit doigt, lui semblait tout simplement parfait. Et elle… elle se sentait toujours en train de courir après lui. Leurs parents, et surtout leur père, le considéraient comme le fils idéal. Lui, l'intelligent. Lui, le calme. Lui, celui qui a tout réussi.

Sara voulait lui ressembler. Elle voulait prouver qu'elle aussi pouvait être brillante. Elle ne voulait plus être la petite sœur derrière, l'ombre d'un frère. Ce désir de le dépasser, de montrer qu'elle pouvait aussi briller de sa propre lumière, était devenu son moteur. Mais cette quête de perfection avait un prix. À chaque échec, à chaque moment où elle se sentait incapable de faire aussi bien que lui, un sentiment profond de frustration la traversait. Yassine semblait toujours être la jauge par laquelle elle se mesurait.

Les résultats arrivent. Échec. L'angoisse, la honte, se matérialisent comme un poids lourd qui lui écrase la poitrine. Sara s'effondre, le cœur en miettes. Mais elle ne peut pas pleurer. Pas devant lui. Pas devant Yassine, pas devant ce frère qui ne l'a jamais vu comme une rivale. Qui ne sait même pas que c'est lui, et seulement lui, qui a nourri cette flamme.

Yassine, comme à son habitude, ne montre aucune émotion. Il s'assoit, regarde le résultat sans dire un mot. Un silence s'installe. Lourd, impénétrable. Une partie de Sara se brise en silence. Cette question qu'elle n'ose pas poser à haute voix : Pourquoi lui et pas moi ? Pourquoi est-ce qu'il réussit, encore et encore, tandis qu'elle reste toujours à la traine ?

Son père, comme toujours, lui parle des efforts qu'il attend, des sacrifices qu'il fait pour qu'elle réussisse. "Yassine a déjà prouvé ce qu'il vaut. Maintenant, c'est ton tour." Ces mots lui brûlent la peau. Et soudain, elle se rend compte que tout ce qu'elle fait, tout ce qu'elle a fait jusqu'à maintenant, ce n'est pas pour elle. C'est pour Yassine et son père. Pour prouver qu'elle peut être meilleure, qu'elle peut être à la hauteur. Mais ce n'est pas ce qu'elle veut.

Elle ne veut pas que sa vie entière soit une quête sans fin pour égaler ou surpasser un idéal qu'est son frère aux yeux de son père. Elle veut, enfin, pouvoir exister en dehors de lui. Pour elle-même. Mais comment faire ?

Le lendemain, un moment de tension éclate. Un échange qui commence comme un reproche puis se transforme en une confrontation brutale. Sara éclate enfin, les mots franchissant enfin sa bouche. "Papa, je suis fatiguée d'essayer d'être quelqu'un d'autre ! Fatiguée de courir après Yassine, fatiguée de toujours essayer de le dépasser. Je ne veux plus ça. Je veux être moi-même. Je veux vivre pour moi, pas dans l'ombre de quelqu'un d'autre."

Le silence s'installe, lourd, dérangeant. Son père la regarde, presque choqué. Il n'a jamais entendu sa fille parler de la sorte. Il a toujours cru qu'elle suivait le même chemin que Yassine, qu'elle aspirait à être comme lui.

Yassine, à l'écart, observe la scène, mais reste silencieux. Il ne comprend pas vraiment la profondeur de ce que sa sœur vit. Cette confrontation marque un point de non-retour pour Sara. Elle a compris que pour avancer, elle doit se libérer de ce fardeau.

Quelques mois plus tard, Sara a décidé de poursuivre un autre chemin, loin de la comparaison constante. Elle ne cherche plus à dépasser personne, mais à se comprendre elle-même. Son père, bien que réticent au début, commence à accepter cette décision. Il voit enfin la personne qu'elle est devenue, différente de son frère, mais forte à sa manière.

Sara a pris son propre chemin. Celui qu'elle devait suivre pour être elle-même, sans les attentes des autres. Elle sait que, parfois, le plus grand défi n'est pas de dépasser les autres, mais que chacun respecte ses propres attentes, chacun ses objectifs, réussites et échecs, à chacun de les dépasser comme bon lui semble.

***

La vie est pleine de réussites, mais aussi d'échecs. Vous aurez l'impression parfois que l'échec est une chose qu'il faut éviter à tout prix, quelque chose de honteux, à cacher, à fuir. Mais c'est tout faux. L'échec est même très loin d'être une fin. Il est, au contraire, une porte d'entrée vers l'apprentissage, la maturité et un chemin progressif vers votre réussite.

Il faut savoir que le meilleur moyen de contrer l'échec est de l'apprivoiser, à l'accepter, et même à l'aimer, parce qu'il vous apportera bien plus que vous ne pouvez imaginer.

Nous avons tous, à un moment ou à un autre, peur de ne pas réussir. Il est normal d'avoir des doutes, des inquiétudes. Mais sachez que personne, absolument personne, n'a jamais réussi sans rencontrer de défis, sans faire face à des obstacles. Nous tombons pour mieux nous relever. Même les plus grandes personnalités de ce monde, celles que vous admirez, ont connu l'échec. Pas une fois, mais plusieurs fois avant de trouver leur chemin.

Il y aura des moments où vous vous sentirez déçus, frustrés, où vous aurez envie d'abandonner.

Vous ferez des erreurs, vous échouerez à certains projets, à certaines épreuves. Mais c'est dans ces moments-là que vous grandirez le plus.

Croyez moi, l'échec vous apprendra la patience, l'humilité et la persévérance. Il vous rappelle que vous n'êtes pas parfaits, d'ailleurs, la perfection n'existe nul part. Et c'est bien mieux comme ça car ce sont vos imperfections qui vous rendent uniques - Revenez au 1er chapitre, vous y trouverez cette vérité -.

Si vous réussissiez tout du premier coup, vous manqueriez la chance d'apprendre de vos erreurs, de vous relever, de devenir plus forts.

Quand vous échouez, ne voyez pas cela comme une honte. Appréciez cette occasion de revoir vos stratégies, d'adapter vos plans. Parfois, cela vous poussera à changer de direction, à explorer de nouvelles solutions, à être plus créatifs et enfin plus résilients.

Ecoutez la chanson de Charles Aznavour « *Je me voyais déjà* » (dont vous connaissez le refrain). Avant de devenir célèbre, l'Artiste a été confronté à la dure réalité de l'échec et de la déception. A force de persévérence et de répétition, il a réussit à être *en haut de l'affiche*.

L'échec vous apprend aussi une chose importante : la capacité à vous pardonner. Ne soyez pas trop durs avec vous-mêmes. L'important n'est pas de ne jamais tomber, mais de toujours se relever. L'important, c'est de regarder chaque difficulté rencontrée comme une station et non pas un terminus.

Je vous connais bien mes enfants, je connais les forces de chacun de vous deux. Et j'ai l'intime conviction, que vous vous relèverez à chaque moment de doute grace à votre détermination et votre force mentale.

Et il y a aussi cette belle vérité : il parait que plus vous échouez tôt, plus vous serez prêts pour les plus grandes réussites. L'échec vous prépare à la vie, à la complexité du monde. Il vous aide à apprendre à gérer vos émotions, à faire face à la pression, à redéfinir vos priorités. Si vous êtes prêts à échouer, alors vous serez aussi prêts à réussir.

Enfin, n'oubliez jamais cela : Un échec n'a de pouvoir que si vous lui en accordez. Ne lui permettez pas de détruire vos objectifs et regardez-le dans les yeux et acceptez-le avec courage.

Considérez le comme un coach exigeant et maladroit, mais qui vous aidera à avancer et à devenir la meilleure version de vous-même.

Souvent vous aurez envie que ça aille plus vite, que les choses avancent plus rapidement pour atteindre ce que vous désirez. Il faut savoir que chaque chose viendra au bon moment, n'essayez pas de bousculer le temps, de vous prendre la tête avec ça. Le temps fait bien les choses ont l'a vu dans la partie précedente. Pour laisser le temps au temps, il faut vous armer de patience. Et c'est bien de cela dont j'aimerai vous parler.

Nous vivons dans une époque ou tout est fait pour gratifier immédiate : tout est disponible en un clic, nos envies et besoins sont satisfaits presque instantanément.

Les écrans, les grandes surfaces, les jeux, les cinémas et généralement tout ce qui nous entoure. Mais la vérité c'est que les choses les plus précieuses et durables ont besoin de temps. Et la patience, bien que souvent appréhendée, est l'une des qualités les plus essentielles que vous puissiez développer dans votre vie.

Il ne s'agit pas seulement d'attendre que les choses se passent. La vraie patience est active, c'est une patience pleine de force et de vie. C'est comprendre que, parfois, les plus belles choses se construisent lentement, qu'elles demandent des efforts et une persévérance continue. A l'exemple d'un tajine de mamie, préparé depuis le matin ou choisissez tout autre plat traditionnel qui a besoin de temps pour cuire, absorber ses épices et développer les saveurs. La patience c'est savoir qu'il ne faut pas se précipiter, que chaque étape du chemin a son importance.

Dans votre vie, il y aura des moments où tout ne se passera pas comme vous l'aviez prévu. Vous l'avez déjà expérimenté depuis tout bébé (un biberon qui tarde à venir, un anniversaire qui n'approche pas, ou encore attendre les vacances d'été. Ces moments peuvent être frustrants, décourageants.

Vous aurez parfois l'impression que le monde avance à une vitesse qui ne vous convient pas, que vous êtes à la traîne et que vos efforts ne suffiront pas à atteindre vos objectifs.

Ces pensées peuvent vous donner l'impression que tout semble plus facile pour les autres, qu'ils ont plus de chance, qu'ils réussissent sans difficulté à obtenir ce qu'ils désirent. C'est une erreur de perception. Se comparer aux autres est un piège qui détourne de votre propre chemin et de vos propres forces.

Je vous le dis tout le temps, même peut-être trop : Chacun a son propre parcours, avec ses défis, ses réussites et ses échecs. Concentrez-vous sur vous-même et sur votre progression personnelle, chaque pas que vous faites, aussi petit soit-il, vous rapproche de vos objectifs.

Ne perdez pas de vue que votre seule vraie compétition, c'est vous-même. Et rappelez-vous toujours que rien de précieux n'arrive trop vite. Chaque chose a son temps.

Il y a une grande sagesse dans le fait de prendre son temps avec sérénité. Il est parfois nécessaire de ralentir, de se poser, de respirer profondément et de faire une pause.

La patience est aussi une leçon de résilience. Quand les choses ne se passent pas comme prévu, quand l'attente semble interminable, il est facile de se laisser submerger par la frustration.

Mais la véritable patience est celle qui vous permet de continuer à avancer, même quand les choses semblent stagnantes. C'est comprendre que la vie, comme un fleuve, a ses hauts et ses bas, ses périodes d'accalmie et ses moments de turbulence.

L'important, c'est de ne jamais cesser de nager, de continuer à avancer, même lorsque l'on a l'impression de ne pas faire de progrès immédiats.

Prenons l'exemple des arbres, leur croissance est imperceptible, vous ne les voyez pas grandir tous les jours, mais au bout de quelques années, se dresse devant vous leur majestueuse grandeur. L'arbre a pris son temps, il a traversé des saisons difficiles, il a résisté aux tempêtes, mais il est là, solide et fier.

La patience, mes chéris, est un art de vivre et une philosophie. Soyez comme cet arbre, grandissant lentement mais surement, solide dans vos convictions, ancré dans le présent, prêts à accueillir chaque saison de la vie avec sérénité.

Parce que tout ce qui est vraiment important dans la vie, prend du temps. Et si vous apprenez à être patients, vous comprendrez la beauté et la profondeur de chaque instant. C'est exactement ainsi que vous devez voir vos efforts dans la vie. Vous ne le voyez pas encore, mais le temps travaille en votre faveur (si vous le laissez faire).

La patience vous aide aussi à apprécier les moments présents. Vous avez vu comment nous nous pressons au quotidien, tel en course poursuite après le temps. Apprendre à être patient, c'est aussi savoir savourer l'instant présent.

Encore une fois, la patience ne signifie pas l'inertie. C'est un subtil équilibre entre l'action et l'attente. C'est travailler dur, mais sans se précipiter jusqu'à accomplissement.

En attendant, prenez le temps d'apprécier ce que vous avez maintenant. Profitez de chaque étape de votre vie. Vous n'avez pas besoin d'être tout le temps en train de courir après quelque chose.

Depuis tout petits, vous entendrez beaucoup parler de la réussite. On vous dira peut-être que la réussite, c'est d'avoir de bonnes notes à l'école, d'obtenir un excellent travail, de posséder des biens matériels, ou de réussir à impressionner les autres. Ces idées de réussite sont des images populaires, qui circulent partout autour de nous, dans les médias, sur les réseaux sociaux, dans les conversations des adultes.

Elles sont souvent liées à des critères extérieurs, des signes de statut ou de pouvoir. La véritable réussite, mes amours, est bien plus profonde et bien plus personnelle. La réussite, en réalité, ne se mesure pas par ce que vous possédez ou par ce que vous montrez aux autres, mais par ce que vous êtes à l'intérieur, par la façon dont vous vivez votre vie et dont vous vous sentez en harmonie avec vous-mêmes.

Oui, je vous ai souvent encouragés à donner le meilleur de vous-mêmes à l'école, attendant avec anxiété les bulletins de fin de semestre. Je vous ai parfois réprimandés pour des notes insuffisantes, vous incitant à dépasser vos limites. J'espère ne pas avoir été trop exigeante, mais sachez que tout cela n'était que pour votre bien, pour que demain toutes les portes s'ouvrent devant vous.

Cependant, il ne s'agit pas simplement de cocher des cases sur une liste des mentions à l'école. Il s'agit de grandir, de s'épanouir, de vivre une vie en accord avec ses valeurs profondes. C'est, d'abord et avant tout, être fidèle à soi-même. Vous n'avez pas à suivre les chemins que d'autres ont tracés pour vous. Vous avez le droit de tracer votre propre chemin, même s'il ne correspond pas aux attentes de la société ou des autres.

Il y a une tendance actuelle dans le monde à célébrer ceux qui ont « *réussi* » d'une manière très visible, ceux qui sont célèbres, ceux qui ont beaucoup d'argent, ou ceux qui occupent des postes prestigieux. Mais la réussite ne se mesure pas seulement en termes de visibilité.

La réussite peut résider dans une vie simple mais épanouie, dans le bonheur d'une famille unie, dans la satisfaction de voir vos rêves prendre forme petit à petit, même sans projecteurs.

La réussite, c'est aussi savoir apprécier ce que vous avez, comprendre la richesse des petites choses qui rendent la vie belle et complète.

Il est essentiel de comprendre que la réussite n'est pas un concours. Vous n'avez pas à être le premier ou le meilleur dans tout ce que vous faites. L'important est de faire de votre mieux, d'être honnête avec vous-mêmes et de vous sentir fiers de vos efforts.

Quand vous réussissez à donner le meilleur de vous-même, que ce soit à l'école, dans vos passions, dans vos relations, vous avez déjà fait la moitié du chemin. Si vous avez la conscience tranquille, l'impression que vous êtes sur le bon chemin, c'est que vous avez réussi.

Il y a une autre dimension à la réussite : celle de ne jamais cesser d'apprendre. La réussite n'est pas un état figé. Elle évolue et grandit avec vous. Chaque échec, chaque obstacle, chaque moment de doute est une occasion d'apprendre, de se réinventer, de devenir plus sage. La vie ne consiste pas à accumuler des trophées, mais à accumuler des expériences et des leçons. Et dans ce processus, il est essentiel de ne pas se laisser abattre par les difficultés.

La réussite implique également de nourrir des relations authentiques, de se connecter sincèrement avec les autres. Vous aurez beaucoup de relations dans votre vie, mais sachez qu'il n'y a rien de plus précieux que les relations basées sur le respect mutuel, la compréhension et l'amour.

La véritable réussite se mesure aussi à la qualité des liens que vous tissez avec les gens autour de vous. Entourez-vous de personnes qui vous élèvent, qui vous encouragent, qui vous aident à devenir la meilleure version de vous-même. En retour, soyez vous-même ce type de personne pour les autres.

Il y a aussi la réussite intérieure. L'une des clés de cette réussite est la paix intérieure. C'est votre capacité à accepter qui vous êtes, à vous pardonner pour vos erreurs, à comprendre que vous n'êtes pas parfaits et que ce n'est pas nécessaire.

C'est, en somme, être bien dans votre peau et dans votre cœur. Lorsque vous cultivez la paix intérieure, vous attirez aussi autour de vous cette même tranquillité, et cela vous permet de rester serein face aux turbulences de la vie.

Je veux aussi que vous sachiez que la réussite n'est pas une course. Ne vous précipitez pas. La vie ne consiste pas à atteindre un but le plus rapidement possible.

Rappelez-vous que ce n'est pas la vitesse qui compte, mais la direction dans laquelle vous allez. Prenez le temps de vous découvrir, d'explorer vos passions, d'apprendre sur le monde, d'apprendre sur vous-mêmes. La richesse de votre vie se trouve dans la diversité de vos expériences.

Enfin mes enfants, ne laissez jamais les autres vous dicter ce qu'est la réussite. Ne vous laissez pas définir par ce que vous avez ou par ce que vous faites. La véritable réussite, c'est d'être vous-mêmes, de vivre en harmonie avec vos valeurs, de cultiver votre paix intérieure et de nourrir des relations sincères. La réussite, c'est d'avoir un cœur rempli de gratitude, de vivre une vie de sens et de contribuer, de manière humble, à rendre le monde autour de vous un peu meilleur.

Dans un monde où l'on cherche des résultats rapides, où la moindre difficulté semble être une raison d'abandonner, la persévérance est un acte de rébellion douce. Elle est ce fil d'or qui vous permet de continuer, même lorsque tout semble perdu.

La persévérance, mes chéris, ce n'est pas un don réservé à quelques élus. C'est une force que l'on cultive, jour après jour, pas après pas. Elle ne vous garantit pas que tout se déroulera comme vous le souhaitez. Mais elle vous assure que, peu importe les obstacles, vous continuerez d'avancer. Car c'est cela, au fond, le véritable triomphe : ne pas abandonner, même lorsque le chemin est long et semé d'embûches.

Je me souviens d'un moment décisif où j'ai compris l'importance de la persévérance. J'étais encore jeune, pleine d'ambitions, prête à affronter les défis de la vie professionnelle. Au départ, tout semblait possible. J'étais enthousiaste, motivée. Pourtant, très vite, des obstacles se sont dressés devant moi : des critiques, des échecs, des jours où l'envie de tout abandonner m'envahissait. Chaque étape devenait plus ardue, chaque obstacle plus pesant. J'ai chuté dans une spirale d'incertitudes et de doutes.

Mais à mesure que je me sentais perdue, une voix intérieure me rappelait ce que mes parents me disaient toujours : « Le succès n'est pas final, l'échec n'est pas fatal : ce qui compte, c'est le courage de continuer. » Cette conviction profonde m'a permis de surmonter mes doutes. J'ai choisi de me relever. Chaque jour, avec travail et détermination, j'ai continué à avancer, pas à pas. Et, petit à petit, j'ai atteint mon objectif.

Vous aussi, mes enfants, connaîtrez des moments de découragement. Il y aura des jours où l'effort semblera inutile, où les résultats tarderont à venir. Mais rappelez-vous toujours : ce n'est pas le rythme qui compte, c'est de ne jamais cesser d'avancer. Même un pas lent est un pas en avant.

Regardez autour de vous : la nature elle-même est un exemple vivant de persévérance. Une rivière qui creuse son lit dans la roche ne le fait pas en un jour.

Chaque goutte d'eau, chaque courant travaille à son rythme, avec patience et constance. Un jour, le fleuve devient puissant. De la même manière, chaque petit effort que vous faites, chaque tentative, chaque reprise après un échec, est une goutte d'eau qui, avec le temps, construit quelque chose de grand.

Mais la persévérance n'est pas seulement utile dans la poursuite de vos rêves. Elle est essentielle dans vos relations, dans votre apprentissage de la vie. Maintenir une amitié, surmonter des différends avec les personnes que vous aimez, demande du temps et de la ténacité. La persévérance, c'est aussi croire en l'autre, même quand les choses deviennent difficiles.

Persévérer ne signifie pas ignorer les signes qui vous invitent à ajuster votre trajectoire. Parfois, le chemin que vous avez choisi peut ne pas être le bon. La persévérance, dans ces cas-là, consiste à ne pas abandonner le voyage, mais à chercher une autre route, à explorer de nouvelles possibilités sans perdre de vue votre objectif.

Un jour, vous entendrez peut-être parler de personnalités qui ont marqué l'histoire grâce à leur persévérance. Pensez à Thomas Edison, l'inventeur de l'ampoule électrique. Il a échoué des centaines de fois avant de trouver la bonne formule. Lorsqu'on lui a demandé ce qu'il ressentait après tant d'échecs, il a répondu : « *Je n'ai pas échoué. J'ai simplement trouvé 10 000 façons qui ne fonctionnent pas.* » Voilà le pouvoir de la persévérance : voir chaque tentative comme une étape, et non comme une fin.

Mais au-delà des exemples célèbres, il y a vous, votre propre chemin. Vous n'avez pas besoin d'accomplir des exploits pour que votre persévérance ait de la valeur. Chaque fois que vous vous relevez après une chute, chaque fois que vous faites un effort supplémentaire, vous honorez cette force qui sommeille en vous.

Alors, persévérez. Avancez avec courage, avec détermination. Et souvenez-vous toujours que, même dans les moments de doute, chaque pas que vous faites est une victoire en soi.

CHAPITRE 5

Un matin, alors qu'elle se rend au travail, Inès est bloquée dans un embouteillage. Ce n'est pas la première fois, mais ce jour-là, quelque chose en elle craque. Elle observe les gens autour d'elle, les voitures, le chaos quotidien, et se rend compte qu'elle n'a jamais vraiment pris le temps de regarder autour d'elle. Elle se rend compte que ses journées sont passées à courir, à être en mouvement, mais jamais dans une pleine conscience. Elle s'énerve contre tout, contre l'attente, contre la lenteur des choses, comme si le monde entier était une machine qui fonctionnait contre elle. Mais à ce moment précis, dans le brouhaha de la circulation, elle entend une conversation entre deux passants.

"Tu sais, je suis vraiment reconnaissant pour ma santé. J'ai perdu mon père l'an dernier, et depuis, chaque jour est un cadeau."

Ces mots frappent Inès comme un électrochoc. Pourquoi ne se sent-elle jamais reconnaissante ? Pourquoi est-elle toujours en train de courir après plus, après mieux, toujours insatisfaite de ce qu'elle a ? À partir de ce moment-là, quelque chose en elle change. Elle commence à observer les petites choses autour d'elle, mais plus elle essaie, plus elle se rend compte qu'elle a oublié d'être reconnaissante pour ce qu'elle a déjà.

La quête de gratitude se transforme en une véritable lutte pour Inès. Chaque matin, elle essaie de se réveiller avec une pensée positive qui vient du fond du cœur. Mais cela ne vient pas. Elle se sent coupable de ne pas arriver à apprécier ce qu'elle a.

Elle vit dans un appartement qu'elle juge trop petit, elle conduit une vieille voiture qu'elle trouve démodée, et même son travail lui semble sans saveur. À chaque petit obstacle de la journée, elle tombe dans ses vieux réflexes : se plaindre, s'agacer, souhaiter plus, toujours plus.

Un soir, après une longue journée au bureau, Inès rentre chez elle, le corps épuisé, l'esprit encombré. Elle se sent déconnectée de tout et de tout le monde. Ses parents, pourtant proches, lui semblent parfois si lointains. Elle pense à eux, mais surtout à elle-même, se sentant complètement insatisfaite. "Je n'ai pas assez. Je n'ai pas de temps pour moi. Je n'ai pas de vacances, je n'ai pas de vrais amis…"

Mais ce soir-là, après avoir pris un moment pour se poser et respirer, Inès commence à regarder sa vie sous un autre angle. Elle repense à la conversation qu'elle a entendue dans la rue.

Elle a sa santé, son travail, un toit sur la tête, et des parents qui l'aiment. Pourquoi ne le voit-elle jamais ? Pourquoi se sent-elle toujours en manque ? Elle commence à comprendre que c'est son regard sur la vie qui doit changer, pas la vie elle-même. "C'est comme si tout ce que je possedais ne suffisait jamais", se dit-elle, mais au fond, elle sait qu'elle n'a pas cessé de courir après l'inaccessible.

Le lendemain, un événement marquant survient. En allant rendre visite à sa mère, Inès apprend que son père a eu un accident de voiture. Heureusement, il n'est que légèrement blessé, mais la nouvelle secoue Inès profondément. Elle se rend immédiatement à l'hôpital, le cœur lourd. En attendant dans le couloir, elle regarde les autres patients, leurs proches, et réalise à quel point la vie est fragile.

Elle prend un moment pour réfléchir à ce que son père lui a toujours donné, sans jamais le dire, sans jamais le montrer. Elle se souvient de ses sacrifices, de ses silences remplis de gestes. Elle pense à tout ce qu'il a fait pour elle, et en silence, une vague de gratitude commence à envahir son cœur.

Elle entre dans la chambre de son père. Il est là, allongé sur le lit, un peu fatigué mais souriant. Elle prend sa main et, pour la première fois depuis longtemps, elle lui dit : "Merci, papa. Merci pour tout." Ces mots remplis de sincérité résonnent profondément en elle. Elle a enfin compris ce que la gratitude signifie : ce n'est pas attendre d'avoir plus, mais reconnaître ce que l'on a déjà, chaque jour, même dans les petites choses.

Elle se sent libérée, comme si un poids s'était enlevé de ses épaules. Elle se rend compte qu'elle a toujours eu ce qu'il fallait.

Les semaines qui suivent l'accident de son père sont marquées par un changement profond chez Inès. Elle commence à intégrer la gratitude dans sa routine quotidienne. Lors de son retour au travail, elle se surprend à sourire plus souvent, à apprécier les petites victoires quotidiennes, à savourer un café avec ses collègues sans se précipiter. Elle commence à ressentir de la reconnaissance pour sa vieille voiture qui la conduit chaque jour, pour son travail, pour sa famille, pour chaque petit instant.

La gratitude devient une habitude, un état d'esprit qui l'accompagne tout au long de la journée.

Inès sait que la route est encore longue et qu'il y aura des moments de doute, mais elle est enfin en paix avec elle-même. La gratitude, elle l'a trouvée, pas dans ce qu'elle n'a pas, mais dans ce qu'elle a toujours eu, autour d'elle, en elle. Et chaque jour, elle remercie la vie pour ce qu'elle lui a donné.

***

J'ai un secret pour vous, je vais vous parler d'un trésor inestimable et s'il est bien gardé, illuminera vos vies : la gratitude. Ce mot simple, presque trop banal pour être pris au sérieux, contient pourtant une force insoupçonnée. *Hamdoulillah*. Dites-le doucement, laissez-le rouler sur vos lèvres, comme un murmure apaisant. Ce n'est pas qu'un mot, c'est une clé. Une clé pour ouvrir les portes d'un bonheur discret.

Quand j'étais plus jeune, mon père me répétait sans cesse : « Fais ta prière, remercie Dieu pour ce qu'il t'a donné, sois en reconnaissance envers la vie. » Mais je n'ai jamais su vraiment lui accorder toute l'attention qu'il méritait. Je m'arrêtais souvent, l'esprit distrait, comme si il me manquait la conviction.

Aujourd'hui, je comprends mieux ce qu'il voulait dire. La gratitude, cette forme de reconnaissance silencieuse, nous permet de renouer avec la nature, avec le spirituel. Elle nous apaise, nous aide à surmonter les petites violences de la vie quotidienne. On peut l'appeler méditation, contemplation, ou peu importe le nom qu'on lui donne. L'essentiel est cet état d'esprit, ce retrait du monde extérieur pour se connecter à l'intime, à ce qui nous habite vraiment.

La gratitude, mes enfants, c'est savoir s'arrêter. S'arrêter pour observer, pour goûter, pour respirer pleinement ce qui est déjà là.

Nous sommes poussés sans cesse à vouloir plus : plus de succès, plus d'objets, une maison plus grande, une nouvelle voiture etc. Mais le bonheur, le vrai, ne réside pas dans ce que vous espérez obtenir un jour. Il est dans ce que vous avez déjà, là, sous vos yeux.

Je me souviens d'un autre moment. Vous étiez petits, et nous étions tous les quatre dans la voiture, coincés dans un embouteillage sans fin, sous un froid glacial.

À l'arrière, vous bougiez sans cesse, impatients et épuisés. Moi, devant, je sentais la tension m'envahir, prête à éclater. Puis, en levant les yeux, j'ai vu cette femme, avec ses deux enfants. Leurs vêtements étaient déchirés, à peine suffisants pour les protéger du vent mordant. Ils frissonnaient, les dents serrées, tandis qu'elle tendait la main, demandant quelques pièces pour nourrir ses enfants.

Et pendant un instant, nous sommes restés là, figés dans un silence lourd, pris de conscience que nous possédions tout, tandis qu'eux n'avaient rien.

Le stress s'est fondu dans l'air froid. L'embouteillage était toujours là, bien sûr, mais il semblait tout d'un coup insignifiant.

La gratitude, ce n'est pas une quête incessante de plus, mais c'est de réaliser que ce que nous possédons déjà est suffisant pour le moment, que chaque instant, chaque souffle, chaque petit bonheur est un cadeau précieux.

La gratitude, c'est aussi un remède contre l'arrogance. Elle vous rappelle que rien de ce que vous avez n'est acquis. Chaque souffle, chaque repas, chaque victoire est un cadeau. Et ce qui est donné peut être repris.

C'est un équilibre subtil, une danse entre ce que la vie vous offre et ce que vous acceptez avec humilité. Soyez toujours reconnaissants pour ce que vous avez, mais aussi pour ce que vous n'avez pas.

Vous avez le pouvoir de décider comment vous percevez votre monde. Vous pouvez choisir de vous concentrer sur ce qui manque, sur ce qui ne va pas, sur ce qui vous échappe. Ou vous pouvez choisir de voir ce qui est là, ce qui vous soutient, ce qui vous élève. Ce choix définira la qualité de votre vie.

Alors, à chaque étape de votre chemin, que ce soit dans la joie ou dans l'épreuve, ne laissez jamais passer un jour sans gratitude.

Il y a dans la vie des choses qu'on ne peut expliquer par des mots seuls. Des émotions qui nous échappent, des frissons qui naissent sans qu'on sache pourquoi. C'est là que la musique entre en scène. Elle a ce pouvoir mystérieux de nous transporter, de nous consoler, de nous animer. Elle est une amie fidèle, présente dans les moments de joie comme dans les heures sombres.

Depuis que vous étiez dans mon ventre, je vous plongeais dans la musique classique, celle que j'écoutais avec tant de plaisir. Elle m'apaisait, et j'espérais qu'elle aurait le même effet sur vous. Je vous chantonnais des mélodies douces, des chansons d'artistes oubliés, des voix inconnues de votre génération.

Lors de l'accouchement, j'avais même demandé aux médecins de mettre de la musique, pour que votre arrivée dans ce monde soit aussi douce possible. Ainsi, dès vos premiers instants, vous avez baigné dans un univers de musique, un monde de sons et de vibrations.

Et puis, il y a eu ces morceaux que vous avez-vous-même choisis, qui vous donnent envie de danser, de crier, de tout lâcher.

La musique a ce don unique : elle parle a une connection directe à nos cœurs, sans passer par les mots.

Laissez-moi vous raconter une anecdote. Un jour, alors que je traversais une période de doute et de fatigue, j'ai entendu une chanson à la radio : *Dream On* d'Aerosmith. Les premières notes, jouées sur un piano mélancolique, m'ont tout de suite captivée. Puis la voix de Steven Tyler s'est élevée, rauque, vibrante, comme un cri venu des tripes.

« *Dream on, dream until your dreams come true…* » Ces mots résonnaient en moi comme un rappel urgent : il fallait continuer à rêver, à croire en mes aspirations, même si le chemin semblait semé d'embûches.

Cette chanson est un hymne à la persévérance. Elle vous dit que la vie est faite d'épreuves, de sacrifices, mais qu'il ne faut jamais abandonner ses rêves.

Le pouvoir de *Dream On*, ce n'est pas seulement dans sa mélodie ou sa puissance vocale. C'est dans son message universel : peu importe les échecs, peu importe les doutes, il faut continuer à avancer, à rêver grand. Et à chaque écoute, cette chanson me redonne de l'élan, elle me rappelle pourquoi je me bats.

La musique, mes enfants, a le pouvoir de guérir les blessures invisibles. Quand vous aurez le cœur lourd, que les mots vous manqueront pour exprimer votre douleur, tournez-vous vers elle.

Elle saura dire ce que vous ressentez. Elle vous enveloppera et vous fera comprendre que vous n'êtes pas seuls.

Parfois, il suffit d'une chanson pour transformer une journée morose en un moment de sérénité ou d'espoir.

Mais la musique n'est pas seulement là pour nous consoler. Elle est aussi une source inépuisable d'inspiration. Écoutez-la attentivement. Vous y trouverez des histoires, des leçons de vie, des appels à l'action. Elle vous fera voyager, découvrir des cultures, des émotions que vous n'auriez peut-être jamais explorées autrement.

Chaque note, chaque accord est une porte ouverte vers un nouvel univers.

Je vous encourage à toujours garder la musique près de vous. Jouez dès que possible à un instrument, vous serez surpris de la sérénité apportée.

Créez votre propre musique. Jouez, chantez, même si ce n'est que pour vous-mêmes (sous la douche ou ailleurs). La musique, ce n'est pas un art réservé aux grands compositeurs ou des stars de la scène. C'est aussi ce que vous produisez quand vous fredonnez, quand vous tapez du pied au rythme d'une chanson.

N'oubliez pas que la musique est une force. Elle est là pour vous porter, pour vous inspirer. Alors, rêvez, dansez, vibrez. Et chaque fois que vous entendrez une chanson qui vous touche, prenez un moment pour l'écouter pleinement, pour vous en imprégner. Elle deviendra une partie de vous, une compagne fidèle sur le chemin de votre vie.

Mes chers enfants,

Je referme ici ce livre, mais jamais le lien qui nous unit. Chaque page que vous avez lue est une partie de mon cœur, une empreinte de tout ce que j'ai vécu, ressenti et appris, et que je vous confie aujourd'hui.

Vous êtes l'extension de mes rêves, de mes espoirs et de mes luttes, et même si vous ne verrez pas tout ce que j'ai traversé, sachez que dans chaque mot se cache un peu de moi.

Vous héritez non seulement de mes expériences, mais également de toute une histoire, celle de vos parents et de vos ancêtres. Une histoire de courage, de sacrifices, de réussites et de faiblesses. C'est un héritage précieux, car il est tissé de nos valeurs et de nos traditions familiales. Mais il est aussi un trésor à transformer, à faire grandir, à adapter à votre époque. Il vous appartient désormais de l'élever plus haut.

Vous avez un rôle à jouer dans ce monde, et ce rôle commence ici, avec ce que vous choisirez d'incarner. Je vous conseille de choisir la passion dans tout ce que vous entreprenez.

N'oubliez jamais : vous êtes la lumière de ma vie, et votre bonheur est ma plus grande réussite. Il n'existe pas de plus grande fierté que de voir grandir ses enfants.

Soyez libres, soyez fiers et osez!

Au-delà des mots, il y a tout ce que je n'ai pas pu exprimer, mais qui vit en vous. Mon amour est infini, et il transcende tout.

Avec tout mon amour,

Maman